Lito
41, rue de Verdun 94500 Champigny-sur-Marne
Imprimé en CEE
Loi n° 49-956 du 16 juillet 1949 sur les publications destinées à la jeunesse
Dépôt légal : mars 1999

Mon papa ne veut pas de chien à la maison

Texte de Marie-Sabine Roger
Illustrations de Nathaële Vogel

Éditions Lito

Mikaël voudrait un chien. Rien qu'à lui.
Avec des poils ébouriffés, une frange
qui lui mangerait les yeux, et un trognon de queue
qui frétillerait dès qu'il le verrait.
Mais le papa de Mikaël ne veut pas de chien.
Ni ébouriffé, ni à poil ras. Et quand le papa
de Mikaël dit « non », c'est **non**.

Un soir, en rentrant de l'école, Mikaël entend
un drôle de petit bruit, derrière les poubelles,
au bas de l'immeuble…
Intrigué, il s'avance. Dans la lueur du lampadaire,
il voit, au fond d'un carton, un tout petit chien
tout laineux, avec de grosses pattounes,
une frange ébouriffée qui lui mange les yeux,
et un air malheureux à vous fendre le cœur.
Il pleure.

Mikaël le prend avec précaution. Il le pose sur le trottoir, pour le regarder de plus près. Le chiot pousse un petit jappement joyeux, et son trognon de queue se met à battre la mesure. Il veut sauter dans les bras du petit garçon,

mais pouf ! il s'étale comme une crêpe !
– Eh ben, t'es drôlement maladroit !
Je vais t'appeler Patapouf ! dit Mikaël, bien décidé à l'adopter.

Mais comment faire ? Mikaël explique longuement à Patapouf que son papa ne veut pas de chien. Du tout. Même un tout petit.
Le chiot pose sur lui son regard brun et humide, et semble comprendre tout ce que lui dit le petit garçon…
Quand Mikaël rentre chez lui, son papa est dans la cuisine. Il prépare le repas.

Mikaël se faufile dans sa chambre, sort Patapouf
de son sac à dos, et le cache sous son lit.
– Sois sage ! Et ne fais pas pipi ! chuchote Mikaël
en sortant.

Patapouf a compris la leçon. Pendant plusieurs jours, tout va très bien.
Patapouf ne fait pas de bruit.

Il attend que Mikaël le sorte, caché dans son sac à dos,
pour faire ses besoins dans le caniveau.
Il n’aboie pas. Il est sage comme une image.

Mais un soir, le papa de Mikaël rentre, sans crier gare, dans la chambre du petit garçon.
Celui-ci est en train de jouer à cache-pantoufle avec Patapouf.

– Qu’est-ce que c’est que ça ?

– Heu… C’est… C’est… C’est un jouet !

Le papa fronce les sourcils. Il prend le chien.
Il le regarde sous toutes les coutures.
Mais Patapouf est un chien malin. Il se tient raide comme un bout de bois. Il ne bouge pas. Il n'aboie pas.
Il ne respire même plus !…

– C’est marrant, ces peluches ! dit le papa.
On dirait presque un vrai chien.
Dès que son père est sorti de sa chambre,
Mikaël soupire :

– Pfff ! On a eu chaud, hein, le chien ?
T'as été génial, tu sais !
Patapouf lui lèche la figure, tout fier, tout content.

À partir de ce jour-là, ça devient le grand jeu : faire semblant d'être un chien en peluche… Mikaël emmène Patapouf en balade. Patapouf reste assis, tout raide, sur la plage arrière de la voiture, et dodeline de la tête, à droite, à gauche, de-ci, de-là, comme ci, comme ça… Et Mikaël se retient pour ne pas éclater de rire, quand son père lui dit :

– C'est formidable, ces nouveaux jouets ! On dirait tout à fait un vrai chien !

Hélas ! Un matin, Mikaël se réveille tout patraque.
Le docteur dit que c'est une appendicite.
Il va falloir aller à la clinique, quelques jours…
Que va devenir Patapouf ?

Lorsque Mikaël se réveille, après l'opération, son papa est là. Il tient un petit cadeau. Mikaël sourit. Il enlève le papier, lentement, pour faire durer le plaisir.

– Ah, au fait ! dit le papa. Je voulais te porter ton chien en peluche, seulement… il a fait pipi dans le sac !
Mikaël baisse la tête, et continue à ouvrir le paquet, sans rien dire, les larmes aux yeux.
C'est fini. Il ne reverra jamais Patapouf…

Mais ? !… Le paquet contient une laisse,
et une petite médaille sur laquelle est gravé
« Patapouf » !
– Je crois que nous serons les seuls au monde
à avoir un *vrai* chien en peluche, non ? dit le papa
de Mikaël, avec un petit sourire…